Tengo el Corazón of a Poet by Francisco Galdámez

Copyright © 2024 Francisco Galdámez

Todos los derechos reservados. Se permite la reproducción parcial de este libro para fines de cita, siempre que se incluya la referencia completa y se otorgue el debido crédito al autor y al editor.

ISBN: 979-8-218-50382-6
LCCN: 2024918395

Gracias a Dios Todopoderoso, quien me regaló cada palabra y verso; sin su regalo divino no hubiese nacido una sola palabra ni el deseo de escribirlo.

Dedicado a mi madre, y a su amor por la poesía. Durante todo el transcurso de los ochos años que me tomó culminar los poemas en esta colección, la voz de mi madre resonó en mi mente, declamando poemas de Alfredo Espino, de Claudia Lars, de Gabriela Mistral, de José Martí y muchos otros; transportándome a mi época de infancia, en la que me perdía en mi imaginación al escuchar a mi madre declamar los versos de estos maestros. Tengo la firme creencia que fueron esos recuerdos los que ahora evocaron los momentos de inspiración que contribuyeron a la creación de esta colección.

A mi esposa Natalia, quien es la musa que inspiró muchos de mis versos, y quien fue también la voz de consejo y apoyo constante, sin los cuales este libro se hubiera quedado enterrado en mi cabeza y en mi corazón.

A mi hijo Austin, quien convirtió a un simple mortal en un papá, liberando en mi por primera vez las emociones de amor más puras, la inspiración y la esperanza por la vida.

Gracias especiales a mi cuñada Flor, quien se embarcó en la tarea de editar los poemas, para que la voz de mi prosa flotara por encima de mi arrebatado uso del lenguaje escrito.

Prólogo

En las páginas de este libro de poesía, van tejidas la prosa y los versos que le regaló el universo a un ingeniero en sistemas quien se enamoró de la poesía escuchando a su madre declamar poemas a diario, mientras se ocupaba de las labores cotidianas de una madre en los 1970.

El amor y su manifestación romántica, maternal, filial y patriótica, son los temas que van enlazando las páginas de este libro, reflejando las ilusiones, pasiones y las muchas emociones que me inundan el corazón.

La era cosmopolita en la que vivimos, me regala la oportunidad de encontrar y comunicar la inspiración en mi poesía tanto en español como en inglés, completamente convencido que las palabras en este libro, encontrarán un hogar en los corazones correctos trascendiendo las barreras del idioma por medio del puente del lenguaje del verso, la prosa y la rima.

Espiritualmente hablando, creo que la inspiración de lo escrito viene de la energía de las almas que aún tienen un mensaje pendiente por compartir, el escritor es el mensajero y el libro es la carta que por la conexión al universo lleva el mensaje a los destinatarios por divino acierto.

Índice

5- Prólogo
9- Tengo el corazón of a poet
11- Amor /amor/
12-15- ¿Que cuánto te amo?
16-17- ¿Qué sabe la mujer de enamorarse?
18- Lejos de ti
19- La historia de amor más bella
20- Kiss
21- A besos
22- Te he escrito un millón de poemas y los quemé todos
23- Es mirándote a la cara
24- La locura de enamorarse
25- Ayúdame a olvidarte
26- Quiero escribirte una canción
27- Love is Absolute
28- I Want to Learn How
29- 365 días amándote
30- ¡Déjame!
31- Unboxing Love
32-33- Señora, he estado buscando la explicación y no he logrado encontrarla
34- Quisiera saber cómo explicarte
35- Hello my Always
36- Difícilmente
37- ¿Cómo explicarte?
38-39 My Moon
40- ¿Qué será lo que hace al amor tan torpe?
41-42- Te amo
43- Familia /fəˈmilyə/
44- I've Realized
45- Mire primo
46-47- You are the Miracle
48- El aire es más escaso sin usted
49-50- Las tías son superhéroes en la historieta de nuestras vidas

Índice

51-52- ¡70 años como los suyos!
53- Perdóname Amigo
54- Mujeres, benditas Mujeres
55- Madre /maðre/
56-57- Gabriela
58- No te olvides de mis besos
59- ¿Quién te robó los recuerdos?
60- Dicen que el amor es ciego
61-62- El día de mi vida
63- El reflejo del mundo en tus ojos
64- Adiós
65- Anda
66- Cuántas veces Mamá
67- Patria /pa - tria/
68- No me calles
69-70- Eran los mejores tiempos, eran los peores tiempos
71-72- La Danza de los Héroes
73- Entre las cenizas y el fuego
74- La voz del pueblo
75-76- La Libertad que nos Defiende
77- Si he de morirme lejos
78- Milagro
79-80- Democracia

Tengo el corazón of a poet

Tengo el corazón de un poeta
atrapado en la boca de un necio,
quien por cantar versos
le muerde los labios a la prosa,
y por escribir sonetos
le roba estrofas al pentagrama.

Tengo las palabras extraviadas
en dos lenguas,
a veces en English
more often in Spanish,
but always singing of dreams
that transcend all understanding,
not wanting to wake up,
hoping to find the key
to turn this fool into a poet,
the rhythm that moves my heart
from silence to song,
y la forma de hablar el lenguaje que canta
en el idioma de este loco corazón.

Amor /am'or/

Love /ləv/

¿Que cuánto te amo?

No sé si alguna vez te lo has preguntado,
tampoco si te he dado el momento para hacerlo.
No sé si con un beso te robé la pregunta,
o si el beso robado, sin saberlo,
te dijo en secreto,
en un suspiro la respuesta.
Regálame una vez más tu corazón atento,
y en siete trovas te regalo mi universo.

Siete...
¿Que cuánto te amo?
No es que alguna vez haya dudado que lo sabes,
o que pudieras cuantificarlo de una manera que puedas entenderlo.
Pero si me confieres tan sólo un instante, te lo explico...
Te amo como ama la brisa un velero.
No con necesidad, ni egoísmo.
Pero porque acompañado de la brisa,
el velero baila su mejor tango y traza la más bella ruta,
la perfecta,
la que le pertenece sólo a ellos,
al velero y a la deliciosa brisa.

Seis...
¿Que cuánto te amo?
Que si un sueño te engañara, se hiciera pesadilla
por borrarme de tu corazón y robarme de tu vida,
déjame susurrarte un poema y a tu cabeza ser la almohada,
ahorita te cuento...

Te amo así como se ama ese primer respiro,
porque no cuentan los que no supe que extrañaba,
sólo los ahora concedidos.
Te amo más a cada instante;
tu amor es el oxígeno al fuego de mi dicha
y el aire que me suspira los versos al oído.

Cinco...
¿Que cuánto te amo?
Por si algún día entre lágrimas y sollozos,
las disyuntivas le inventaran puntos al momento,
déjame pincelar una coma,
y escribirte la siguiente línea del poema, ¿me das permiso?

Te amo tanto que no puedo empezar a extrañarte cuando no estás conmigo,
pues no puedo parar de desear el no dejar de estar contigo.
Tanto que cada sueño canta tu nombre,
y cada latido de mi corazón suena sólo por la esperanza de alcanzar tus oídos.

Cuatro...
¿Que cuánto te amo?
Si algún día te dispersaras en el atardecer del camino,
y en el espejo no encontraras los recuerdos de mi boca,
dame este instante a la distancia,
para contarte nuestra historia...

Te amo como ama la lluvia al paraguas y la sombrilla.
Con la ansiedad devota sabiendo que sin la lluvia,
el paraguas no es más que una rama que cayó del árbol
sin jamás sentir la mano que le diera sentido a su destino.

Te amo con la certeza absoluta que fui creado
para recibir los besos de tu boca
y las caricias de tu mano,
tal como la lluvia besuquea al paraguas
con abnegada pasión y cariño,
sabiendo que desde que dejó la nube,
este paraguas era la boca para la dulzura de su vino.

Tres...
¿Que cuánto te amo?
No es que no supieras contestar si el mundo te lo pidiera.
Pero concédeme un par de suspiros y te comparto estos,
mis latidos convertidos en palabras...

Te amo como el cometa ama la galaxia.
Atraído por el magnetismo de tu belleza,
con una fuerza de gravedad indomable,
hipnotizado por la perfección de tus besos,
la dulzura de tus brazos,
la intensidad de tus manos,
y la felicidad profunda que sólo encuentro en tu regazo.

Dos...
¿Que cuánto te amo?
No es que no te acuerdes o que la pregunta te desvele.
Pero si me concedes un momento,
te lo cuento en palabras que mi corazón me regaló en secreto...

Te amo con la intensidad del Universo.
Al verte, desaparecen todos,
el mundo se calla,
sólo queda la música, la luna y las estrellas.
El Universo entero conspira para que en mis ojos,
en ese momento, seas egoístamente mía.

Uno....
¿Que cuánto te amo?
No es que la pregunta alguna vez te haya tocado los labios,
o cosquilleado tu boca.
Pero regálame este día tus ojos para leer unas estrofas
y te lo cuento...

Te amo con la magia que transforma edificios en castillos,
la que convierte terrazas en salones,
y la que compone en el viento las canciones de los romances
de mil vidas;
todo conspirando para revelarle tu cara a mi quimera,
ver en ella el reflejo de todos mis besos,
la promesa de tu sonrisa,
y tu insaciable pasión por la vida.

Es así que te amo.

¿Qué sabe la mujer de enamorarse?

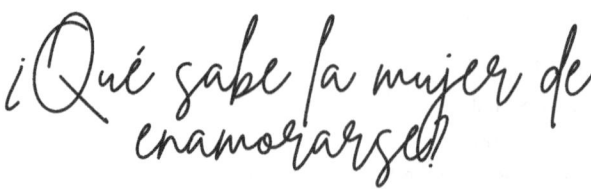

Qué sabe la mujer de enamorarse,
si la costilla cedida no fue para crearla,
sino para hundirla en el corazón del hombre que la ama.

Qué sabe la mujer de enamorarse,
si nunca invadió Troya por la piel de su traición amada.

Qué sabe la mujer de enamorarse,
si su inspiración nunca es esclava de la musa venerada.

Qué sabe la mujer de enamorarse,
si su primer amor es un hombre,
y no la que le calló el llanto con el sustento de su pecho.

Qué sabe la mujer de enamorarse,
si no conoce lo que de su piel emana,
y jamás sabrá lo que es ser de esa piel una esclava.

Qué sabe la mujer de enamorarse,
si nunca desesperada perdió el sentido
sabiendo que sin mujer no hay vida nueva,
ni esperanza, ni paz alguna.

Qué sabe la mujer de enamorarse,
si todo lo bello es hembra y todo macho es tiniebla.

Qué sabe la mujer de enamorarse,
si hasta la suerte es una Ella,
y cada historia de amor empieza
con un hombre deseando en una estrella.

Qué sabe la mujer de enamorarse,
si hasta el lobo le aúlla a la luna llena.

Qué sabe la mujer de enamorarse,
si hasta la Biblia misma hace a la mujer el primer deseo del hombre,
y en la misma prosa la tentación personificada.

Lejos de ti

Lejos de ti descubrí lo que extraño el aroma de tu cuerpo.
Lejos de ti aprendí tus diferentes sonrisas.
Lejos de ti memoricé la perfección de tu cuerpo.
Lejos de ti encontré el sabor definitivo de tus besos.
Lejos de ti descubrí la pasión que desborda.
Lejos de ti aprendí la delicia de tus manos.
Lejos de ti memoricé el sabor de tu piel.
Lejos de ti encontré el amor inmenso.

Lejos de ti aprendí a cerrar los ojos
cuando entre sollozos en el insomnio deseé estar junto a ti,
y con los ojos cerrados encontré tus olores, sabores,
y pasiones atrapadas como leones enjaulados en mis recuerdos.

Entendí esos incontables clamores de mi alma, que no puede sin ti.
Ahora casi vivo con los ojos cerrados cuando estoy lejos de ti,
porque mi alma, mi cuerpo y corazón no encuentran calma,
sin saciar este amor inmenso que siento por ti.

La historia de amor más bella

La historia de amor más bella empieza con un "te extraño",
no de los que se dicen con ansiedad y añorando,
ni es un "te extraño" triste y agobiador.

La historia de amor más bella empieza con un "te extraño",
de los que cuentan de la desesperación que tiene la pluma
por el papel para inmortalizar el verso.
Un "te extraño", como el que tiene mi piel por tu mano.

La historia de amor más bella empieza con un "te extraño",
como el que lleva la carta del soldado a su amada,
entregando un último "te amo".

La historia de amor más bella está llena de cartas,
de poemas y canciones,
de holas y adioses,
de distancias obligadas,
de pasiones atrapadas en el tiempo,
de promesas enredadas entre lágrimas,
y de la certeza del sueño de una vida entera de recuerdos.

La historia de amor más bella no existe sin ese "te extraño".
La historia de amor más bella es la del nuestro,
que nació de un momento sin instante que se volvió eterno.

La historia de amor más bella empezó con un "te extraño",
que en un momento se convirtió
en un "nunca más tendré un día sin tus besos".

Te extraño, y este es el más inmenso de mis "te amos".

Kiss

What kind of kiss have I imagined giving you?
The kind that does not stop when our lips come apart,
the kind that was always to be,
the one born in the depths of perfect dreams;
the kiss that spoke of light to a star,
and of color to a stormy night.

The kiss that spoke love into existence before the very lips that longed for it.
The kiss that carved an "I love you" into my soul,
long before time was measured, and our lips defeated sorrow.

The kiss that knew to be,
long before your eyes lit up my days and
your touch delivered my skin from listlessness and fray.

That kiss, my love, is the one I imagined.

A besos

Me he dado cuenta que ando soñando despierto,
más de lo que sueña un niño,
más de lo que sueña una abeja de miel,
más de lo que sueña un pentagrama de música.
Así como el papel sueña que la tinta es pasión,
y que la pluma se la comerá a besos.

Cierro los ojos y el viento me hace volar a las nubes,
como vuelan las golondrinas bailando ballet,
al ritmo de la música del universo,
como vuela el águila buscando la cima y el cielo,
como vuelan las luciérnagas queriéndose comer las estrellas a besos.

Se me pasa el tiempo sin saber si estuve dormido o despierto,
así como el mar, sin saberlo, no deja de acariciar los corales,
sin importar si hay tormenta, verano o invierno.
Así como la neblina entra de altamar a la costa,
a buscar su refugio entre los brazos de la mañana
para que se la coma a besos.

Voy perdido en la eternidad,
tratando de saltarme las horas al momento perfecto,
buscándote entre las multitudes,
entre vidas,
entre poemas, canciones y reflejos,
y como en todos mis sueños,
todo por estar extraviado entre tus brazos,
devorándonos la vida a besos.

Te he escrito un millón de poemas y los quemé todos

Te he escrito un millón de poemas y los quemé todos,
no porque no me los inspiraste,
pues me los regaló el recuerdo de tus besos,
la desesperación por tus caricias,
y el deseo intenso de perderme en tus ojos.

Te he escrito un millón de poemas y los quemé todos,
no porque no los quiero,
pues me los susurraron hadas en mis sueños,
como a Peter Pan le dieron el mapa del más bello tesoro.

Te he escrito un millón de poemas y los quemé todos,
no porque quiera olvidarlos,
pues los llevo eternamente tatuados
en cada parte de mi piel que ha tocado la tuya,
como un testimonio de amor que delata mi fortuna.

Te he escrito un millón de poemas y los quemé todos,
no por escondérselos al mundo,
pues cómo negarles la historia de un amor tan profundo,
si mi alma lo grita en cada mirada perdida buscando tu llegada.

Te he escrito un millón de poemas y los quemé todos,
no porque no quiero que los leas,
sino porque quiero contártelos en besos,
como se los ha contado la tinta al papel,
desde la primera vez que tu mirada quedó atrapada en mis sueños.

Es mirándote a la cara

Como sentir el primer sol de la mañana,
el que con un beso pinta los quebrantos y los hace sonrisas,
el que llena los horizontes de rayos de esperanza,
y evapora las lágrimas de los ayeres,
que terminaron como el lado oscuro de la luna,
sin el reflejo en su cara.

Como un sueño profundo enchapado de milagros,
de los que llevan los colores de los más nobles sabores de la vida,
de los que sueñan los niños,
sin prisas,
sin mañanas,
pero llenos de ahoras,
escritos por manos de colibrí,
y suspirados por mariposas.
Como la brisa del otoño,
cargada de las risas del verano,
temerosa del invierno,
y repleta de las promesas de la primavera a las rosas.

Es así, exactamente así,
cuando mis ojos se encuentran
cada primera vez,
con el rostro de mi amada.

La locura de enamorarse

Es la locura más cuerda del mundo.
No tiene un principio exacto,
ni tampoco un fin absoluto.

Es inesperadamente inoportuna,
tanto como inconvenientemente impaciente.

Es como el cometa que sin saber a dónde va,
llega por inercia al lugar imprecisamente exacto,
en el momento perfectamente a destiempo.

Aparece en medio de un billón de sonrisas,
en la única boca que nunca buscabas.

Entra por los mismos ojos que han visto tanto,
ignorado mucho,
descartado más,
y olvidado el resto.

Se convierte en el inquilino idóneo del corazón aturdido,
que no supo ni el dónde, ni el cómo.

A veces es como una botella de tequila,
al principio te llena de sonrisas,
al medio te hace bailar sin música,
al final te hace que no te importe nada,
y que se te olvide todo.

Pero un día el enamorarse
le da sentido a los todos y a las nadas,
sana las heridas y las burlas de lo errado,
para darle el fin más inesperado
a la absurda sensatez de una vida sin haberse locamente enamorado.

Ayúdame a olvidarte

Ayúdame a olvidarte pues no puedo parar de amarte.
Ayúdame a olvidarte,
así lograr volver a descubrirte,
y así cada nuevo día volver a enamorarte.

Ayúdame a olvidarte,
porque si te amo más,
el corazón ha de dejar de caberme en el pecho,
mis ojos han de perderse en el cielo
buscando tu rostro entre las estrellas,
y mis labios han de quedar secos
por el ansia de uno más de tus besos.

Ayúdame a olvidarte,
pues lo que mi mente niega,
mi alma despierta y
mi corazón encuentra.

Ayúdame a olvidarte mi amada,
pues eres el milagro de mil vidas,
y añoro el desesperante deseo de tenerte,
el alborozo momento en que te encuentro,
y ¡la eternidad del pasmo del primero de nuestros besos!

Quiero escribirte una canción

Quisiera saber los versos secretos
que le roban las abejas a las flores,
para escribírtelos en las hojas
que se lleva bailando el otoño de mis sueños.

Quiero ser el eco de los silbidos
que pasean el viento entre los valles,
porque ellos les suspiran del romance
de la eterna primavera
a los pinos y a los cedros.

Quería desde el primer beso
emborrachado de placeres,
quitar del camino el sonido de mis palabras,
y dejar que la melodía de mi corazón
te arrebate la sensatez
y te entregue a mi deseo.

Quiero escribirte una canción,
la que llevo atrapada en el pecho,
la que tu sonrisa le regaló a mi alma,
un instante después del primero de nuestros besos.

Love is Absolute

Love doesn't have a formula to be solved.
For it needs not proof;
it has no constants and
its variables become unique at a kiss, a smile, a whisper,
and at every moment of undeniable bliss.

Love is not a sum, or subtraction.
It can't be multiplied, divided or replicated,
for it hasn't units or mass,
it hasn't a range, nor has it a domain.

Love isn't bound by time.
For it hasn't beginning and definitely never ends;
it was there before time, and it will keep transforming in an infinite rhythm,
and in perfect rhyme.

Love is absolute.
It is the intersection of lives,
like the comet with a destiny
becomes a moon orbiting the planet it was always meant to find.

I Want to Learn How

I want to learn how
to talk to you without hurting your heart.

I want to learn how
to speak the language of your silence.

I want to learn how
to give you the evidence your eyes enquire.

I want to know how
to let your mind rest in the pliancy of my love's pledge.

I want to learn how
to make a spectacle for you,
of the merit of my undying commitment.

I want to learn how
to utter in eloquence,
the absolute frolic your love is to my life.

I want to know how
to draw the wandering image of my path to you,
so that you don't mistake my intention for rejection.

I want to learn how to do all this,
before our hearts grow weary with disillusionment,
and our love dissipates, like stars at the first morning light.

365 días amándote

Hoy se cumplen 365 días que te he amado este año.
Hoy es el día que recuento todo lo maravilloso que este año nos ha regalado.

Hoy termina un año más de amarte y no termina sin recordarme que:
hoy te amo más que nunca y mucho menos que mañana.

Hoy termina un ciclo más de lo humano que es el tiempo.
Pero hoy es cuando más entiendo la continuidad y eternidad
de lo que por ti siento.

¡Déjame!

Déjame arruinar este momento con un beso apasionado.
Déjame borrarte la sonrisa con la vehemencia de mis labios impacientes.
Déjame robarte un suspiro al empapar tu deseo escondido en el secreto de tu cuello.
Déjame privarte del pensar al desnudarte completa.
Déjame alterarte la ventura al amarte como el mayor de los orates.
Déjame acicalarte el corazón con una zalema de mis manos en tu piel ostensible.
Déjame sestear el ánima en lo insondable de tu pecho.

Déjame hacer todo esto,
porque no hay efeméride máxima
al instante en que mi existir
se envicia en la profundidad de tus ojos.

Unboxing Love

Love is the genesis feeling,
and the antithesis of all conditions.
Love is the equalizer of the human and the celestial.

For love cannot be made,
but through love, all things are possible.

For love does not end nor does it begin,
cannot be bound by time,
Nor limited by a heart, brain,
or skin, blood and bone.

Love is eternal harmonic motion;
for it is never static,
but forever beckoning, transforming, living action.

Love is perfect.
For even at the worst of the human condition,
Love makes us majestic in the most adverse of our human afflictions.

Love is the elixir vitae that thwarts the venom of every four letter word,
for it fits and flows not as four letters,
but with syllabic singularity of the feeling from which He created all.

Señora, he estado buscando la explicación y no he logrado encontrarla

Me pregunté de los libros que han coloreado mi lenguaje,
y no logré pensar en ninguno.
También me pregunté de la música que ha puesto
los bemoles en los sentimientos de mi alma,
y ni un sólo compositor entonó en mi memoria.

Busqué en mis recuerdos las pinturas y la escultura
que inspiran mis emociones y pasiones,
y no recuerdo una sola.
Quizá, pensé, todo me nace de los paisajes inolvidables
que han deslumbrado mis ojos,
pero no logré encontrar ni uno sólo.

No sé señora, entonces,
del porqué Dios me regala la sonrisa de su hija,
porque me elogia con la dulzura de su voz,
o me bendice con el calor de la pasión de sus besos.

No puedo explicarle señora,
que día hice el mérito para merecer
el obsequio exquisito del amor de su hija,
ni en qué momento me gané el milagro
que me hace cada uno de sus besos.

Perdone usted señora,
porque soy el usurpador de un corazón que no merezco,
el plebeyo, que de mozo se ha convertido
en el príncipe amado por su hija.

Señora, he estado buscando explicación y no he logrado encontrarla;
Tan sólo puedo decirle que quizá ha sido todo un sueño,
y que no he usurpado ese corazón tan bello.

Señora, le pido que me perdone,
pues en mi sueño, su hija me ama
y yo soy el príncipe más feliz del universo.

Aunque aún en sueños,
no tengo derecho
y ¡tampoco lo merezco!

Quisiera saber cómo explicarte

Quisiera saber cómo explicarte lo que te amo.
Lo he buscado entre sueños y sonetos,
pero sigo sin poder componerte la sinfonía que logre exponerlo.

Le he pedido la voz a Sinatra y las rimas a Romeo,
pero no logro el ritmo de tus besos.

Le rogué al mismo Eros
por la gracia de sus ojos y la sensualidad de sus labios,
pero no he tocado ni la órbita de tu corazón,
ni me he ganado el suspiro atrapado entre tus ojos.

Esta noche mi corazón se parte en tantas partes
como las estrellas alrededor de la Luna,
pues el precio del lenguaje que tu corazón entiende,
está marcado en la arena,
y no importa el verso que de mi boca salga,
ni la prosa que mi corazón componga para ti,
ni que te regale el aliento de las brisas,
que tú a mi corazón le inspiras.

No importa lo que haga,
la marea de tu mente se robará el precio de las palabras,
sólo para que este idiota termine cerrando ojos, corazón y vida,
sin jamás lograr ganarme el corazón de mi bella amada.

Hello my Always

Hello my always,
I've missed you!
No, I've wanted you here!
I wanted the rumbling of your steps as you come near.
I wanted the echo of your voice bouncing off the corners
of the thoughts ringing in my ears.

Hello my always!
I could hear you in the distance!
Not faint like the howling of the coyotes far up in the hills,
but like thunder shaking verses awake,
just as if Calliope was pelting me with sonnets from the top of her mill.

Hello my always!
Let's partake on a trip across the vast catechism of words and colours.
Let's conceive a concerto of acoustics from odes of love and honour.
Let's reveal the gift of dreams of rapture,
the one you told me of the Moon's passion you once captured.

Hello my always!
I wanted you here!
I relished the elation of words spoken in ink,
and the yarn of bright colors threading
the whispers the wind gave me as a gift,
and the humming balladry potion
I'm always wanting to drink.

Difícilmente

Difícilmente la Luna sabe lo que yo la extraño.
Difícilmente escucha mis versos entre tantos
necesitando su luz al pasar de los años.
Difícilmente se acuerda de lo bello que bailamos,
y de las miles de veces que entre sus besos de luna llena
dormí soñando, y dormí amado.

Difícilmente recuerda a este loco que la ha amado,
desde su primera luz y hasta cuando el sol por envidia
me esconde su rostro, su luz y su cielo estrellado.

Difícilmente mi Luna sabrá que nací hace un billón de lunas,
y que en cada una vivo sólo para amarla como a ninguna.

¿Cómo explicarte?

Esa noche que te vi,
no era la primera vez
que mis ojos se llenaban de los tuyos.

No fue la primera vez
que mis manos se aferraron
a las tuyas al sonar nuestra canción.

No fue la primera vez
que perdido por la vida,
sin saberlo, te buscaba cada día.

¿Cómo explicarte?
Porque Dios así me hizo,
 en ti creó mi paraíso.

¿Cómo decirte?
Que por ti mi vida existe,
que para amarte Él me hizo,
¡para amarte sin final!

Ese no fue el primer beso,
ese fue el un mil de los primeros
que mis labios se derritieron en los tuyos.

Te he encontrado en cada una mis vidas.
Y en todas es mi sorpresa,
que Dios te hizo para mí.

Y aun cuando en cada vida
la oscuridad me roba el día,
para que otra vez nos de partida,
y el ciclo vuelve a comenzar.

My Moon

I showed up uninvited and lost,
just to find a big climb;
I'm not sure if it was luck
or I'm out of my mind.

I've shown up empty handed, yet,
Moon, you've made my night dance
and my wish granted.

I am not a betting man,
but that night I wished I was;
for once in this lifetime I found my moon's light,
for in every life I've lived, I've waited for this night.

All I need is my moon,
all I need is her light,
all I need is her love,
and I'll know all is right.

It is you in my dreams,
it is you my love's dance,
it is you my Moon's light,
God I love this found night.

I remember your smile as you asked me to dance,
I remember my heart jumping out for a glance.

It was true that I've found you,
this was that 1001 life.

There is no doubt that it's you,
that's your heart's beat, that's you,
my eternal moon wife.

Who knew this party crash,
this crazy mad dash,
a roof top cold night match,
was meant to be my night.
My new start, my moon's delight.

¿Qué será lo que hace al amor tan torpe?

¿Porque nos hace esperar hasta el último momento
para hablar con el corazón abierto,
y entregarnos por completo?

Porqué el tiempo nos juega una cruel trampa haciéndonos pensar
que mañana será un mejor momento para decir te quiero,
para dar un beso, un abrazo apasionado sin el sofoco por salir corriendo
detrás del dinero, el trabajo o algún otro absurdo aturdimiento.

Porque no nos damos cuenta de lo fugaz del momento
hasta que nos encontramos derramando lágrimas en el reflejo
de un encuentro atrapado en una foto
que ahora no es más que una daga que corta profundamente
por el lamento de haber dejado correr el tiempo.

¿Qué será que hace el amor tan torpe?
Será acaso la intersección entre la mente, el corazón y el tiempo,
la que juega la fórmula del amor a favor
del despilfarro de lo inolvidable de un maravilloso instante,
que debió transformarse a una época, pero se quedó atontado,
por un "mañana habrá otra oportunidad,"
que lo convierte todo en lágrimas de arrepentimiento.
No dejes para mañana lo que debes amar hoy,
y así las fotos no serán más dagas de arrepentimiento,
sino que el mapa de una vida llena de instantes
vividos con el corazón entero.

Te amo

Te amo.
No como se ama el momento fugaz en que los ojos se pierden
en la belleza de un cuerpo.

Te amo.
No con el egoísmo del clímax de un instante de pasión,
o con la ansiedad de cruzar la frontera de lo humano a lo convulsivo.

Te amo.
No porque pienso a tu amor recíproco o porque sé
que para ti soy un "necesito".

Te amo.
Sin necesidad, sin ansiedad, ni deseo de propiedad.

Te amo ahora, aún con la incertidumbre del mañana,
pues todo lo que importa es el ahora y la certeza de la eternidad de este
momento.

Te amo.
Con pasión insensata, sin saber si este fue un beso más de los muchos,
o si es el primero de los últimos.

Te amo.
Sin pensar en equidad, pues mi ilusión nació de mi conexión con tu alma,
y esa: es cosecha
jamás nació de un invierno,
ni sobrevive un verano eterno.

Te amo.
Tanto como en el ojo de la tormenta y el calor de las sábanas,
como también en la calma del sueño y en el sufrir de las lágrimas
de los duros momentos.

Te amo.
Con la misma pasión de la juventud de ahora,
la que un día llenará de vigor el cuerpo
que te amará hasta el día que parta a esperar amarte en lo eterno.

Familia /fam'ilja/

Family / ˈfæməli/

I've Realized

I've realized that I was drowning,
and did not know it.
I had no idea that your smile was my oxygen,
or that a single one of your hugs
has the spark of life, and love, in it.

I was oblivious to the fact that an "I love you,"
from you,
is the melody that my life depends on.

I've discovered in your life,
the very essence of my existence,
and the rhythm my heart dances to.

I live my days looking for yours-
silly, I know!
I spend my hours in awe of you-
It's love, I know.

I am at a loss for words when trying to tell you,
how proud I am of you-
It's just true, I know.

What is this love that makes my life so full?
I've realized it's all about you.
My love,
my heart,
my air,
my sun...My son!

Mire primo

Mire Primo,
qué sé yo de salsa o de merengue,
regálame un ritmo de timbales,
de esos que hacen de ojos manantiales,
y de rodillas embragues.

Mire Primo,
no sé nada de fronteras,
regálame una rola con ritmo de Caribe,
de esas que Centroamérica vive,
de las que alebrestan caderas,
y hacen que el corazón avive.

Mire Primo,
que se me olvide la guerra,
aviéntese con todo a los timbales,
que corra la salsa por todos los vitales,
que de la bailada se disipe la tristeza tan perra,
la que hace de llantos manantiales.

Mire Primo,
arranque del reloj el minutero,
que se pasen las horas en risas,
que amanezcan las voces en prosas,
y las vidas rescatadas de las manos del usurero.

Que lloren felices los cueros de los bongos, las congas y los timbales,
que retumben los tambores,
que vibren teclados,
y canten las trompetas.

Dale luz verde a la vida,
que viva la música,
y ¡que baile el pueblo al ritmo de la raza!

You are the Miracle

You are the miracle!
It feels like counting leaves in the wind, in the middle of fall's autumn;
desperately wanting to catch them;
missing most and chasing all to the bottom.

Maybe because I see you riding leaves in the strongest of October winds,
fearing you falling, hurting, breaking a wing, losing a fin.

"Not me forebearer!
I was born to surf on indomitable leaves
and take on the most daunting of winds.
They are meant to strengthen my wings.

I am learning to dance,
to surrender,
to love the rhythm of my every morning
and to find freedom in the journey."

Faith drove me to uncover,
that at the end of all my rainbows,
there will always be the best of life's love honey.

Please don't let go of my hand!
I will always be there to break walls and push all the doors open.
I will fight, and I will finish all battles.
I will go first into the muddy waters;
I'll have your back.
For you: I will jump in, head first, into life's oven.

"Begetter, shed no tears for my failures,
nor do anguish for my creed.
Every rock is but a podium,
a step,
a staff to help me to my feet.

Every day I face my battles
unbeknownst to you and everyone,
through tears and fears,
always grasping victory,
even when all the world sees, is defeat."

I wish I could hold you forever in my arms:
love you, hold you and kiss your forehead,
with the perfect joy of that first night.

That day I discovered meaning,
purpose and the true evidence of God.
You are the miracle,
that forever changed my life.

El aire es más escaso sin usted

Qué duros se vuelven los ciclos de la vida al avecinarse el atardecer.
Sin darme cuenta, el otoño se va robando entre susurros y vientos
las hojas que desde hace tiempo,
llevan escritos los secretos de las batallas libradas,
y la sabiduría ganada a capa y espada.
Cada hoja perdida vuelve a las manos gozosas
del Obrador de todos milagros,
y Creador de todos los inventos.

Sentado a la base del árbol de la vida
he sido el destinatario de la sombra,
cuando el sol más castigaba;
he sido protegido de la tormenta más violenta,
y el usufructuario del oxígeno antes de haber merecido respirarlo.

Usted, es una de esas hojas que me han regalado vida,
y ahora sin tenerlo, querido tío,
en cada respiro a la base del árbol de mi vida,
he de extrañar el oxígeno de su sonrisa,
la sombra fresca de su presencia,
y la palabra justa en mi sombría tormenta.

Sin usted en el árbol de mi vida,
no cabe duda que el aire será para siempre,
cada vez que respire,
un poco más escaso y mucho más frío.

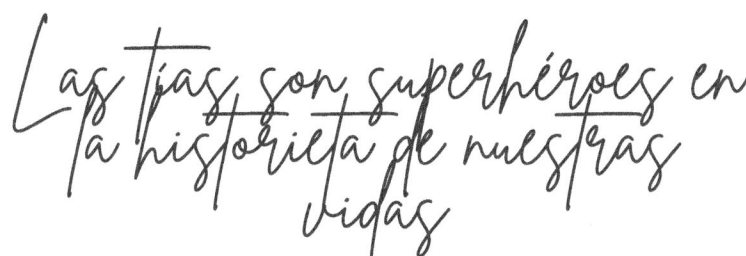

Las tías son superhéroes en la historieta de nuestras vidas

Si las madres son la Mujer Maravilla,
¡Las tías son Súper Chica, la Capitán Marvel, Electra, Storm y Bati Chica!

Porque mientras la madre nos da la vida y nos enseña a soñar,
las tías nos prestan las alas
para volar más lejos de lo que nuestras madres, por amor,
nos quisieran dejar.

Porque mientras nuestras madres nos enseñan a luchar,
las tías nos enseñan a pelear a capa y espada,
por los que amamos sin descansar.

Porque mientras nuestras madres nos exhortan a ser justos y virtuosos,
las tías nos enseñan a reclamar la justicia,
y a exigirla especialmente de nosotros mismos:
sus niños hermosos.

Mientras las madres, por amor, nos protegen de la tormenta,
¡las tías nos enseñan a bailar en la lluvia y a enlodar la ropa!
todo sin jamás borrarnos la sonrisa de la boca.
Mientras las madres nos dan la mano en la oscuridad de la noche,
las tías nos enseñan a cantar cuando no hay luces,
y a acordarnos que en la sangre de nuestros ancestros,
viven la brillantina, la disco ball y la música
que le dan ritmo a la vida en la más negra de las noches.

Ayer despedí a una de mis superhéroes:
se quedó dormida
después de una última lucha contra el tiempo y la enfermedad injusta;
una última victoria antes de su reencuentro con el Creador de la vida.

Adiós Tiita linda:
siga del cielo echándome porras y dándome aliento;
porque me va a hacer falta su cariño, consejo y discernimiento,
durante los días que me quedan
antes de alcanzarla en la siguiente versión de la ¡historia sin tiempo!

¡70 años como los suyos!

Cuénteme la historia de lo que su mente ha visto,
de lo que sus ojos han escuchado
y de lo que sus oídos han transformado en wisdom.
Cuénteme de lo que su alma dijo al sentir los colores
del primer atardecer en la playa,
y lo que el atardecer en Egipto le cantó
con anaranjados tan puros como un sol de cítara.

Cuénteme del amor más puro que su corazón ha vivido,
¿Fue el de haber dado a luz,
o el de haber visto la vida nacer de uno de sus hijos?

Cuénteme de la melodía más bella que la ha conmovido,
¿fue una ópera en París,
un tango en Argentina?
¿El Ave María en en la Capilla Sixtina,
o las risas de sus hijos bailando en la brisa de los Planes de Renderos?

Cuénteme de sus padres y sus abuelos,
cuénteme de sus recuerdos más queridos,
cuénteme de sus bendiciones más grandes,
cánteme su canción favorita.

Cuénteme del amor de su vida.
En fin, cuénteme qué son 70 años,
siento que usted ha vivido más risas que araños.

Cuénteme de todo,
pues siento que setenta como los suyos,
son setenta vividos como los de los sonetos de antaño.
¡Llenos de vida, entre risas, prisas, prosas y cantando!

Porque setenta como los suyos, son de los que poetas soñaron,
compositores cantaron, y de los que sus amados
inervan la Luz que les guía,
¡y van derivando el ritmo de los setenta años de su belleza!

Perdóname Amigo

Perdóname Amigo que me he perdido un par de décadas de tu vida,
pensando que mañana será un mejor día para volver a verte.

Perdóname amigo que la última vez que de verdad hablamos algo serio,
no te di la atención que merecía el momento.

Perdóname amigo que estaba muy cansado para salir contigo,
el día que querías compartirme lo que te había ocurrido.

Perdóname amigo que no estuve allí para pasar contigo en la tempestad,
y ni siquiera me di cuenta,
hasta que un conocido me comentó de tu tormenta.

Perdóname amigo que no fue hasta muy tarde que hice el tiempo para verte,
y en vez de disculparme contigo
por el tiempo perdido,
me mordí la lengua,
por no decirte nada de lo delgado que estabas y de la tristeza en tu mirada.

Y en lugar de decirte lo mucho que te amo mi hermano,
decidí pagar la cuenta para disimular las apariencias.

No sé si mis palabras alcanzarán a llegar hasta el cielo a tiempo,
para que antes de que me olvides,
sepas lo mucho que te extrañaré,
pero más que nada,
lo mucho que me arrepiento de las décadas que me perdí
de la bendición que siempre fuiste para mí.

Mujeres, benditas Mujeres

Qué vacía la vida sin el aroma de las flores,
Qué doloroso el momento sin una caricia milagrosa.

Qué terrible la tormenta sin el refugio de unos brazos,
Qué interminable la tristeza sin un rebozo de calma.

Qué insufrible la herida sin un "sana sana",
la brisa de tu aliento y el alivio de uno de tus besos.

Qué cruel la batalla sin el apoyo de tus manos,
Que vacía la victoria sin tus ojos de orgullo.

Eres tú mujer maravilla,
la más grande de las bendiciones divinas
pues hasta la suerte es una 'ella'.

Gracias Dios por la madre, por la hermana,
por la amiga, la novia, amante y esposa….
Gracias a Dios por todas y cada una de ellas….
¡Gracias Dios por hacerlas a todas perfectamente bellas!

Madre /mˈaðre/

Mother /mˈʌðɚ/

Gabriela

El mundo te conoció bajita de estatura,
con los rizos, la sonrisa y la energía de una Shirley Temple
bailando al ritmo de un tango y un bolero.
La segunda de cuatro hermanas,
con la ambición de una princesa heredera
y la estirpe de guerrera amazona.

Tuviste una infancia y juventud llena de imposibles y secretos,
de los que venciste todos,
y de los que no contaste ninguno.

Tuviste una madre dura y orgullosa,
de las que no criaban niños
sino que guerreros;
de las que sufrían en silencio y triunfaban para sí mismas,
no para el curioso,
ni mucho menos para el envidioso.

Eres de las guerreras para las que familia va más allá de la sangre y la genética;
para ti familia siempre fue el eje del que depende el mundo,
y el centro sobre el que se equilibra la vida.

Para mí más que todas tus hazañas,
me admirarán más tus desilusiones,
pues lejos de hacerte de sollozos,
te hicieron de una armadura impenetrable,
de un tesón inextinguible
y de una fe invencible.

Dios me regale tiempo para descifrar tus sueños,
los que dejaste inconclusos
y los que te robaron del recuerdo;
han de haber muchos de ellos que para mí has soñado en hermosos versos.
Con suerte me han de quedar como semillas de tu regazo,
y germinen al tiempo justo,
así perfecto como tú lo habías augurado.

El mundo te ha de llamar Gabriela,
pero yo tengo la ventura de llamarte mamá.

No te olvides de mis besos

Por favor no te olvides de mis besos,
porque son los únicos que he dado con el corazón entero.

Por favor no te olvides de mis besos,
porque en ellos descubrí el amor verdadero.

Por favor no te olvides de mis besos,
porque nunca soy más feliz que en el recuerdo del momento en que di el primero.

Por favor no te olvides de mis besos,
porque con cada uno de ellos me llené el alma de tu Fe, de tu paz
y de la evidencia del amor eterno.

Por favor no te olvides de mis besos,
porque son el mensaje que Dios me encargó darte cada día con anhelo.

Por favor no te olvides de mis besos,
porque yo llevo los tuyos tatuados desde el principio de los tiempos.

Por favor no te olvides de mis besos,
porque en ellos va reflejado tu inmenso amor por mí, el incondicional y perfecto.

Mamá, por favor no te olvides de mis besos,
porque yo sigo perdido en la profundidad de tus ojos desde el día que tú a mí,
me regalaste el primero.

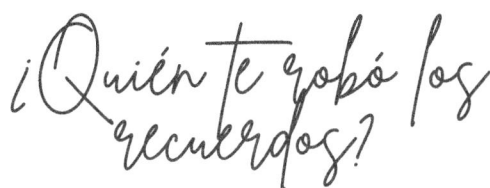

¿Quién te robó los recuerdos?

Qué bandido ha sido el tiempo que como tenebrosa tormenta,
ha ido escondiendo de una en una las estrellas en tu firmamento.
Un malhechor que va quitando las obras de arte
de las paredes de tus recuerdos.
Qué cobarde su embate, que sin piedad va destruyendo a su paso
tus logros, tus hazañas, tus milagros
y hasta tus mismos sueños.

Es un infame genocida que aniquila a su paso tu rica historia,
tu religión, tu fe y la reminiscencia de tus herederos.
Maldito usurpador de luciérnagas que va robándote la danza de la luz
y dejando la más bella de las noches en oscura penumbra.

¡No entiendo tu injusta venganza!
Sin piedad arremetes en contra de la que me dio la vida;
la dueña de las manos que sanaron mis resfríos, mis raspones,
mis aflicciones y mis más dolorosos errores.
Es tu culpa por darle el aliento a lo que va deteriorando los cuerpos,
los corazones y los melodiosos destellos de razonamiento.

¿Quién le robó los recuerdos al génesis de mi primera estrofa?
He de emprender a rescatar tus sonrisas, tus orgullos y anhelos.
He de hacerlos eternos, entre poemas, versos, puntos y comas;
todos en intenso tesón en contra del tiempo.

Dicen que el amor es ciego

¡Aparentemente es verdad!
No ha existido error tan grande
que te haya hecho amarme menos,
Y si soy sincero, he hecho muchos, enormes.

No ha existido distancia que te haya hecho olvidarme,
ni he tenido un fracaso tan grande,
que te haya hecho avergonzarte de mí,
y de esos, también he tenido muchos.

Carlos Gardel decía que 100 años no son nada,
y aparentemente ¡va a ser cierto!
Porque a los noventa sigues como si los últimos cincuenta
apenas empezaran.

Gracias Dios por regalarnos a la madre que necesitamos,
y no a la de los cuentos de hadas.
Gracias por darnos a la madre que nos enseñó a soñar sin miedos,
por la madre que nos enseñó a transformar límites en oportunidades,
 errores en sabiduría,
y a triunfar en contra de todos los pronósticos.

Gracias mamá por seguir inspirándonos a soñar sueños nuevos,
gracias por que ahora que las décadas de memorias
las juntas como si fueran solo días,
aún ahora,
con ello nos muestras que no hay duda:
que son más los momentos fantásticos y
que tenemos que siempre acordarnos más de los bellos,
pues los malos ya pasaron,
y que el futuro es siempre el más brillante,
el más maravillosamente imaginado.

¡Gracias mamá por ese tu amor tan ciego!

El día de mi vida

Amanecí en este mundo enlazado a tu corazón,
ebrio de amor por el ángel que me dio la vida;
amado por ti sin medida,
el diminuto usurpador de tu sentido y razón.

El calor de la mañana me distrajo de tus ojos,
y aturdido por la libertad sin sentido,
vi tus manos y tu guía como piedras en el camino.

Pero tu paciencia divina no me quitó la vista;
ni tu amor intenso,
ni tampoco tu consejo y mucho menos tus cariños.

Al mediodía de mi camino
te extrañé más que nunca;
extrañé el calor de tus brazos, y lo medicinal de tus besos.

Pero aún lejos, tu amor creció más intenso:
tus oraciones más bellas,
tu fe en mí,
más segura tú que yo en mi propio destino.

Al llegar al atardecer,
la distancia se hará infinita,
pero el eco de tus palabras:
más claro,
más certero y más necesitado.

La melodía de tu voz será mi canción,
mi favorita,
mi inspiración,
mi himno de batalla,
y mi oración diaria.

Y al caer la noche mamita,
volveré a embriagarme de tu amor,
a usurparte de nuevo tu atención y tu sosiego,
pero más que nada,
volveré a gozar de nuevo del amor más bello,
y más verdadero.

El reflejo del mundo en tus ojos

Nunca supe de la oscuridad de la noche sin la calma de tus brazos.
No conocí llanto ni dolor, que tu beso y tu promesa no convirtieran en sonrisa.
No sé de meta sin conquista, ni de pelea sin victoria,
porque sólo sé de ti, mi invicta guerrera.
No existe sábado sin canciones, ni domingo sin Fe,
porque desde siempre bailé contigo y en cada noche de rodillas a tu lado oré.
Desde ahora tu voz se hace eterna,
tu historia permanente y tu legado perpetuo.

Desde hoy veo el mundo en el reflejo de tus ojos,
pues quiero como tú, ser:
la calma,
la promesa,
la victoria,
la canción y la danza.

Quiero ser la guía a la Fe y la oración de esperanza.
Quiero ser como tú.
Para cuando te encuentre en el cielo,
también mis hijos vean el mundo así de bello,
como lo vi yo reflejado en tus ojos,
Ese será por siempre mi anhelo.

Adiós

¿Cuántas veces he dado un adiós sin entregar el corazón en las dos sílabas?
Qué angustioso es el adiós que me guardé,
el que ahora quisiera dar mil veces,
pero ya no hay lágrima ni sollozo,
tampoco sonrisa,
ni una mirada triste empañada de un te quiero.

Ese adiós es ya sólo un eco con melodía de culpa:
es una palabra muda,
una canción sin intérprete,
es un piano que se quedó sin música.

¡Qué vacío es el adiós que di sin arroparlo en un abrazo!
El que dije sólo por decirlo,
sin sentirlo,
sin querer dejar un "ya te extraño" atrapado en el corazón ajeno.

¡Qué injusto es el último adiós!
El que di con el corazón entero,
el que pensé que era uno más de los muchos,
pero que la vida quiso que tuviera eco de eterno-
el único que quisiera guardarme-
por el egoísmo de no darle fin al momento.

Adiós- porque ya no hay manera de hacerlo un "hasta luego",
Adiós- porque se nos acabó el tiempo.
Adiós- porque ahora nos separa el universo.
Adiós- porque desde ahora no he de dejar de decir "te quiero,"
pero será como decirlo al espejo,
sin el calor de tus ojos en el reflejo.

Adiós- y esta vez no he de guardarme tampoco el ¡"te quiero"!

Anda

Anda, regálame una vez más una de tus miradas de ensueño...
Una de esas que me hacen sentir amado sin necesitar saber ni el porqué,
ni el cómo.
Regálame una de esas miradas
que esconde un cosquilleo al corazón que me despoja de una sonrisa.

Anda, abre los ojos una vez más y obséquiame la historia más bella
sin decir una palabra.
Concédeme en una mirada, el relato de tus hazañas,
las que nadie más conoce;
de las que entonces se conviertan también en mis secretos.

Anda, sólo una mirada más,
una última quimera,
que me deje testimonio y herencia
de esas que un día yo sin palabras he de dar como ofrenda a los míos:
a los que llevan tu sangre de obsequio divino.
Anda, regálame una de tus miradas de ensueño...

Cuántas veces Mamá

Cuántas veces me perdí en uno de tus abrazos,
emborrachándome del amor inmenso
que le enseñó a mi corazón a amar así de intenso.

Cuántas veces tu voz me guió por el sendero,
cuando lo anduve con los ojos cerrados,
aún cuando yo pensaba que los llevaba perfectamente abiertos.

Cuántas veces tus manos y tus besos sanaron mi corazón,
y vistieron de lujo mi alma cuando estaba en la peor de las fachas.

Cuántas veces la dulzura de los versos de tu boca
me recordaron de las inmensas bendiciones en mi vida.

Cuántas veces tus brazos me sostuvieron
cuando el mundo me tenía al borde del desmayo.

Ahora sólo me queda la bendición de agradecerle a Dios a diario,
Por todas y cada una de esas veces,
y por las muchas más en las que tu amor,
tu voz, y tus brazos me acompañarán desde el cielo,
hasta el día en que de nuevo me encuentre
emborrachándome de tu amor en la eternidad de tu regazo materno.

Patria /ˈpatria/

Country /ˈkʌntri/

No me calles

No me calles la boca, ni me apagues la "libertad";
no me quites la vida, ni cambies el nombre;
porque la libertad es la llama que encendió la independencia,
y mi apellido me lo puso el mundo, pero me lo acertó la vida.

Porque la vida ya la tengo al borde de la desesperanza,
y con la voz cansada te pido me des aliento.
No me digas mentiras, ni me hieras los sentimientos;
no me robes las ganas, ni me llenes de resentimientos.

Porque las mentiras me llenaron los ojos de lágrimas color de sangre,
y los sentimientos están en carne viva, arrastrados por los suelos de este triste desierto.
Ya solo me quedan "Dios", las ganas y el corazón guerrero.

No quiero cambiar mi azul profundo, ni mi blanco puro por un color que pretende ser de cielo,
tampoco quiero perder la "unión" que le dio estrofa al poema,
la que es "la tierra que nos sustenta," y donde hemos "nacido y amado".

Te entrego mi promesa de lucha eterna,
por el triunfo del más pequeño,
y que sueña ser el más grande.

Espero aunar mi promesa a la tuya aunque cantemos a tono distinto,
pero en melodía pura.
Pues para qué callarme la boca,
si cantando juntos llega la canción más lejos,
y la libertad se aboca.

Sinceramente,
¡El pueblo!

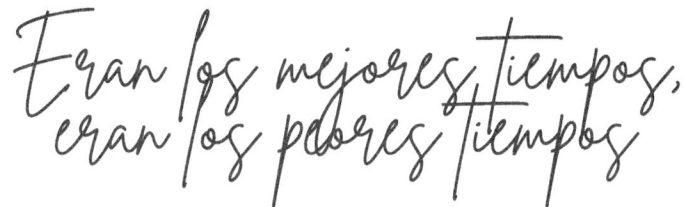
Eran los mejores tiempos, eran los peores tiempos

Quizá a Charles Dickens lo inspiraron momentos como este,
el de un El Salvador ansioso,
esperanzado por promesas que capturan los rencores más profundos,
y envenenan los corazones del pueblo.

Promesas ensalzadas de futuro,
que hacen sonar a las lágrimas,
como la balada del mejor de los tiempos.

Es también el peor de nuestros tiempos,
pues cada trompeta repite el mismo llamado al rencor por una historia
escrita por las mismas manos de los músicos,
que ahora vestidos de gala,
miran iracundos las notas de su propio pasado.

Es para El Salvador, como lo dijo Dickens,
la época de las tinieblas de nuestro paseo por el pasado,
la primavera de la esperanza de nuestro futuro,
y el invierno de nuestra desesperación por la amargura del presente.

Lo tenemos todo,
pero esta dieta de discordia nos dejará sin nada;
íbamos directos al cielo,
pero al mismo tiempo de cabeza al ¡Infierno!

¿Cuánto ha de durar el ensordecedor silencio?
¿Hasta cuándo callarán los herederos de Atonal, los discípulos de Delgado,
los alumnos de Cañas y los seguidores de Arce?

Dios Padre Todopoderoso,
haznos verbo,
conviértenos en la prosa,
Déjanos ser el inspirado verso que le devuelva la voz a nuestro amado pueblo.

¡Alcemos la voz hermanos!
Unidos en coro virtuoso,
no con el afán de alcanzar un mismo tono,
sino que con la certeza melódica de nuestra diversidad democrática,
y el ritmo armónico de la aspiración ciudadana.

La Danza de los Héroes

Forjados entre robles y santos,
al calor de los eternos veranos,
así nacieron los héroes rodeados de villanos.

Entre cavernícolas, guerrilleros, ladrones y canciones,
corriendo de pañuelos a satélites y conquistando libertades,
así crecieron los héroes agrandados por las oraciones de sus madres.

Bailando la danza del tenguelele alrededor de un Goliat,
y con la Fe puesta en una hondilla,
la que con una piedra les regaló la victoria.
Así como los Davides cuscatlecos avanzaron los héroes
escribiendo la historia.

Bajo el sol y la lluvia,
en tierra, lodo y arena;
entre cadenas, palos, sudor y puños,
conquistaron los héroes desde el Maracaná hasta las quebradas y los chifurnios.
Así entre gritos de vanguardia avanzaron los héroes,
algunos inevitablemente a encontrar la eterna morada.

El castigo del tiempo,
el dolor de la guerra,
y el implacable insistir del mundo,
les robaron los sueños de guerrero a los niños perdidos,
convirtiéndolos en tan sólo la sombra de que un día fueron.

Así, entre lágrimas, risas, títulos, negocios y prisas,
los héroes se convirtieron en doctores, ingenieros, escritores y emprendedores,
en tan sólo un poco más que ratoncitos roedores.

¿Qué será de los héroes?
Aquellos conquistadores;
ojalá que sus almas a fuerza de ADN,
por medio de la sangre,
perpetúen el llamado a la aventura,
a la imaginación sin límites,
a la amistad, y la lealtad de hermanos.

Así, que le pasen el héroe a los herederos,
antes que el cielo los reclame al ejército de ángeles,
a de nuevo bailar la danza del tenguelele,
la que bailan los héroes que vencieron como Cristo, a la muerte.

Entre las cenizas y el fuego

Hoy ejercí el sufragio,
sin saber si me convertí en victimario, suicida o cómplice.

Hoy celebré el derecho ciudadano,
el deber del patriota,
la esperanza del lugareño,
y la libertad de la democracia.

Hoy me enorgullece mi pueblo hermano,
porque no dejó que el miedo y el odio
le callaran la boca,
le amarraran las manos,
y le robaran los sueños.

Ahora me entristeció ver a la duda atacar la conciencia del valiente,
a quien le aflige:
la corrupción de antaño,
el secretismo del presente con sabor a mentiras,
y la herencia del ADN de las democracias fallidas.

Ahora me marcaron el dedo como prueba de mi voto,
espero en Dios que la marca no sea de sangre con tinte de tristeza.

Sin saber si, como mis ancestros a la sombra del Izalco,
he de finar por el fuego,
ahogado en las cenizas,
o he de sobrevivir para forjar un El Salvador nuevo,
pero verdaderamente incierto.

La voz del pueblo

La voz del pueblo ya no tiene alma:
se la robaron las noticias,
los Tweets,
los muros fantasmas,
el dinero maldito
y la corrupción humana.

La voz del pueblo ya no pide nada:
se ha vuelto el balido del borrego,
el eco de la lora,
y el rigor de la lluvia sobre los techos de hierro.

La voz del pueblo ya no tiene intensidad:
se la quitaron las balas,
los sobornos,
los troles,
y las décadas de veneno,
que igual que las tormentas siguen llegando,
con diferente nombre,
pero con el mismo desdeño.

La voz del pueblo ya no es erudita:
fue usurpada de historia,
de poesía, y de filosofía;
despojada como la canción de los lencas,
el náhuatl de los pipiles
y la leyenda de Atlácatl.

La voz del pueblo se quedó dormida:
ya no suena en los umbrales de la justicia,
desapareció del púlpito político;
ya no aboga por el huérfano, el anciano,
y mucho menos por el hambriento.

La Libertad que nos Defiende

Dios nos despierte Patria Sagrada
pues hemos estado dormidos,
enredados en la maleza disfrazada de laureles,
bañados en la sangre de nuestro reciente pasado.

Parecemos haber perdido la herencia
de los antepasados aguerridos;
ahogados entre la sangre derramada,
victimizados sin sentido por los más cobardes bandidos.

Quizá dejamos el ADN olvidado entre los cerros,
enterrado entre la guerra,
junto a la justicia, la libertad,
y los sueños de los patriarcas.

Al celebrar la tinta idílica que coloreó el acta de esperanza,
doscientos años más tarde:
ausentes los ideales y
ensordecidas las almas patriotas.

Deslumbrados por un enchape de oro,
nos olvidamos del bien consagrar,
nos aislamos del calor de la bandera,
y nos marginamos del blasón de héroes y mártires.

Enmudecimos la voz de Cañas y la melodía de Aberle,
relegadas al recuerdo en ritos vacíos,
distanciados del grandioso destino,
y en el exilio del feliz porvenir.

La libertad que nos defiende
está tejida en las venas de cada héroe inmortal,
con el hilo del antiguo valor proverbial.

La libertad que nos defiende,
vive en la ausencia del dogma,
separada de la voz del rencor y del odio,
y emancipada de la corrupción.

La libertad que nos defiende
existe en el respeto a los salvadoreños,
y se apoya en la recta razón.

Esta es la voz ahora perdida,
la promesa de vida,
la dicha suprema,
de Dios, Unión y Libertad.

Si he de morirme lejos

¡Qué anuncien que soy salvadoreño!
Para que en el cielo suene El carbonero y los ángeles vistan de azul y blanco.

Que me entierren vistiendo la camisa de la Selecta, porque no hay honor más grande que el de ser del Pulgarcito más aguerrido y brillante en un mundo de anónimos y gigantes.

Que me pongan una cumbia de las que suenan más fuertes que los cohetes en Año Nuevo,
porque mi alma va ir bailando hasta el Valle de las hamacas.

Que no se bote una lágrima,
porque los salvadoreños no morimos, trascendemos como históricos descendientes de Atlácatl.
Que cuenten de mis guerras, de mi paz, de mis lagos, de mis playas
y del fuego de la Pompeya de América.

Que no les importe si hablan de mi pobreza,
y de los que ahora traicionan robando el Dios, Unión y Libertad,
porque Dios hizo más de los valientes
que honran gloria al Escudo Nacional.

Porque la Unión de los valientes,
de los caciques, de los poetas,
de los músicos de marimba y de los virtuosos obreros,
¡Son el manantial del viento de Libertad que emana de El Salvador del Mundo!

Si he de morirme lejos que griten que soy salvadoreño.
Que así me manden de regreso a donde quedaron guardados mi corazón,
mi alma y todos mis más bellos recuerdos.

Milagro

Fue un milagro que Dios te pusiera en el Pulgarcito.
Fue un milagro que llegaras a tiempo para consolar a los sufridos,
a los obreros, al igual que al pudiente y al pueblo valiente.

Es un milagro que en el tiempo cuando abunda la corrupción,
la violencia y la Fe está en su mayor ausencia,
Tu beatificación, el milagro de Cecilia y tu Santificación,
llegan a unir patria y pueblo,
cuando más se necesita tu oración y elocuencia.

Milagro es que unes ateos, cristianos, políticos,
activistas y a hermanos lejanos.
Perpetuando así tu obra y acción milagrosa,
no como mártir, sino como símbolo santo de esperanza grandiosa,
Para tu Patria, que hoy es exalta por tu obra piadosa.

Democracia

Es la belleza que expresa la voluntad popular a beneficio de un pueblo entero.

En su expresión física es:
la voz popular cantada en votos
de la música compuesta en la constitución política de la República.

La voz del pueblo no elige reyes, ni déspotas,
la voz del pueblo le da la oportunidad a los más audaces visionarios
para forjar el camino que beneficia al pueblo entero,
independientemente de afiliación política, origen étnico, cultura o credo.

La voz del pueblo no canta al unísono,
pero es una melodía que suena a favor de todos bajo la igualdad ante la ley;
la igualdad para aliados y opositores a la ideología política de los elegidos.

La voz del pueblo exige igualdad de oportunidades para todos
bajo el marco de la ley, igualdad ante la ley,
independiente de afiliación política, cercanía
o consanguinidad a líderes, y de su ideología.

Es entonces que queda enmarcado en el pentagrama de la democracia,
el deber del ciudadano de exigir a los líderes electos,
que cumplan la letra de ley mientras avanzan la mejoría del pueblo
en libertad, seguridad, salud, educación y trabajo.

La democracia no hace de los ciudadanos esclavos ni súbditos,
ni mucho menos infantes que necesitan ser manipulados
a fuerza de terror y miedo.

La democracia demanda del ciudadano a exigir de sus líderes electos,
transparencia en el cumplimiento de sus deberes, justicia sin arbitrariedad,
y libertad para que si es necesario,
reemplazar a sus líderes electos por medio de la inmunidad del voto.

Los ciudadanos que permiten que sus líderes sean inmunes a las leyes constitucionales,
y que por medio del poder violenten los derechos y las libertades del pueblo,
se convierten entonces en cobardes cómplices de los abusos de sus líderes
en contra de sus hermanos y de su pueblo.

El voto y sus resultados son sagrados...
pero es igualmente sagrado el trabajo del gobernante elegido
a favor del pueblo, no sólo de la mayoría que lo eligió,
sino que también hasta del que lo opuso.

El líder es entonces un trabajador a beneficio de su pueblo,
que no es jamás el beneficiario del usufructo del sacrificio de sus compatriotas ciudadanos.

Dios bendiga a El Salvador, la voluntad de sus ciudadanos
y a sus líderes electos.

www.ingramcontent.com/pod-product-compliance
Lightning Source LLC
Chambersburg PA
CBHW071228160426
43196CB00012B/2454